John Nimmo

Sprachengebet

Bibliografische Information der Deutschen Nationalbibliothek: Die Deutsche Nationalbibliothek verzeichnet diese
Publikation in der Deutschen Nationalbibliografie; detaillierte
bibliografische Daten sind im Internet
über dnb.dnb.de abrufbar.

Umschlaggestaltung: Jana Klappert
Verlag: BoD · Books on Demand GmbH, In de Tarpen 42,
22848 Norderstedt
Druck: Libri Plureos GmbH, Friedensallee 273, 22763 Hamburg

2. Auflage 2019, 3. Auflage 2024

Für weitere Informationen über das Central:

www.central-richtsberg.de
ISBN: 978-3-7481-6864-5

Danke, Stephan, Bekki, Roland, Danyel, Jana, Cindy, Martin, Sini, Sara und Daniel, dass ihr mir geholfen habt.
#vomrichtsbergzumlichtberg

.

Inhalt

1. Einleitung   **7**

2. In Sprachen beten – wieso eigentlich?   **9**

3. Was ist das Sprachengebet?   **10**

4. Wie ich anfing, in Sprachen zu beten   **12**

5. Das Sprachengebet bei den ersten Christen   **16**

6. Das Sprachengebet in der Apostelgeschichte   **18**

7. Was sagt Paulus über das Sprachengebet?   **22**

8. Paulus, die Geistesgaben und die Korinther   **34**

9. Sprachengebet im Gottesdienst   **37**

10. Sprachengebet und die Gabe der Auslegung   **40**

11. Wie lege ich los?   **41**

12. Schluss   **51**

Stimmen zum Buch

In diesem Buch räumt John Nimmo mit vielen Vorurteilen und Missverständnissen beim Thema Sprachengebet auf und zeigt zugleich, wie die Gabe des Heiligen Geistes in unserem Leben ganz praktisch werden kann. Biblisch begründet, nachvollziehbar und gut zu lesen!

Prof. Dr. Dr. Roland Werner, *Zinzendorf-Institut Marburg. Christus-Treff Gründer, Autor, Verkündiger, Bibelübersetzer*

Das Buch von John Nimmo ist eine feine Ermutigung zum Sprachengebet. John Nimmo berichtet sehr anschaulich über seine eigene Erfahrung. Mit praktischen Hinweisen hilft er dem interessierten Leser, Missverständnisse, Hindernisse und Blockaden zu überwinden und mit konkreten Schritten in den Fluss des Sprachengebets zu finden. Anschaulich beschreibt er die positive Auswirkung des Sprachengebets und macht damit Mut, sich nach dieser Gabe auszustrecken. Für all diejenigen, bei denen das Sprachengebet ein kümmerliches Dasein fristet, ist dieses Buch eine starke Ermutigung, ihm mehr Raum zu geben.

Gerhard Proß, *Moderator von Miteinander für Europa, Leiter von TvV (Treffen von Verantwortlichen)*

1. Einleitung

Und sie wurden alle vom Heiligen Geist erfüllt und fingen an, in anderen Sprachen zu reden, wie der Geist es ihnen auszusprechen gab. (Apostelgeschichte 2,4 / Schlachter)

Sprache verbindet. Durch Sprache können Menschen miteinander kommunizieren und einander verstehen. Sprache kann Dinge, die nicht sichtbar sind, für den Zuhörer verständlich machen. Beispielsweise kann ich meinem Gegenüber sagen, was ich denke oder fühle, und ihm damit eine Vorstellung von dem geben, was es sonst nicht erkennen würde. Worte übertragen Informationen und Wissen. Worte sind schön. Überall auf der Welt gibt es wunderschöne Sprachen und durch Sprache entsteht Kunst. Sprache ist vielfältig und kreativ, sie verbindet Menschen miteinander und schafft Identifikation.

In diesem Buch schreibe ich über eine Sprache, die das Neue Testament der Bibel uns vorstellt. Eine Sprache, mit der wir auf tiefe Weise mit Gott in Verbindung treten können und die uns Worte für Dinge gibt, für die wir selbst keine Worte finden. Es geht um das Sprachengebet. Das Sprachengebet ist eine Gebetssprache und ein *charisma* (Geistesgabe, griechisch: Gnadengabe). Sie ist ein Geschenk, von Gott gegeben, aus Gottes Gnade zu uns.

Ein Geschenk zeichnet sich dadurch aus, dass es unverdient ist. In dem Moment, in dem man sich ein Geschenk verdienen muss, ist es kein Geschenk mehr, sondern ein Lohn. Ein Geschenk ist etwas Gutes. Es ist großzügig. Und es wird aus Liebe gegeben:

Jede gute Gabe und jedes vollkommene Geschenk kommt von oben herab, von dem Vater der Lichter... (Jakobus 1,17 / Schlachter)

Doch im Leben vieler Christen und Gemeinden steht dieses Geschenk abseits in einer Ecke: unentdeckt, unausgepackt und mit einer dicken Schicht Staub darauf. Viele ahnen noch nicht einmal, dass es in der Ecke steht und darauf wartet, endlich ausgepackt und gebraucht zu werden.

Ich selber habe dieses Geschenk entdeckt und ausgepackt. Ich möchte das Sprachengebet in meinem Leben nicht mehr missen. Je länger ich diese Gabe nutze, desto dankbarer werde ich für sie und erkenne die Kraft, die Gott durch sie in meinem Leben freisetzt. Wahrscheinlich vergeht kein Tag in meinem Leben, an dem ich nicht in Sprachen bete. Häufig bete ich lange Zeiten am Stück in Sprachen. In unserer Gemeinde, dem Central, die meine Frau Jana und ich zusammen mit einigen Freunden in Marburg aus dem Christus-Treff Marburg herausgegründet haben, singen wir in Lobpreiszeiten häufig gemeinsam in Sprachen. Ich kann mir diese Art zu beten gar nicht mehr aus meinem Leben wegdenken. Das Sprachengebet wertet meinen Alltag mit Gott spürbar auf. Leider wird in manchen christlichen Kreisen so gut wie gar nicht mehr darüber gesprochen oder gelehrt. Oder wenn doch, dann viel mehr darüber, was es nicht ist, als darüber, was es ist. In der christlichen Tradition, aus der ich komme, war man eher vorsichtig damit und hat viele Warnschilder aufgestellt – anstatt über den Segen dieser Gabe zu sprechen und darüber, wie sie unser Leben bereichert. Dabei war das Sprachengebet in der Vergangenheit häufig wesentlicher Bestandteil von Erweckungen und christlichen Aufbrüchen. Der Apostel Paulus sagte der Gemeinde in Korinth:

Über die Gaben des Geistes aber will ich euch, Brüder und Schwestern, nicht in Unwissenheit lassen. (1. Korinther 12,1 / Luther 2017)

2. In Sprachen beten – wieso eigentlich?

Vor einigen Jahren dachten meine Geschwister und ich gemeinsam darüber nach, was wir unserer Mutter zum Geburtstag schenken könnten. Wir alle wussten, dass sie sich freut von uns zu hören: was wir gerade alle so machen, was uns beschäftigt, Fotos von den Enkelkindern usw. Also kamen wir auf die Idee, ihr ein

9

Handy zu schenken. Dieses Handy sollte ihr dabei helfen, unkompliziert mit uns in Kontakt zu bleiben. Das Geschenk war damals und ist heute noch ein Volltreffer. Meine Mutter benutzt es jeden Tag. Obwohl wir in unterschiedlichen Städten wohnen, können wir dadurch viel miteinander teilen. So ähnlich ist es mit dem Sprachengebet: Gott macht uns ein wunderbares, nützliches Geschenk, das uns hilft, mit ihm im Kontakt zu bleiben. Ganz unkompliziert, ohne Vorbereitung, ohne in eine besondere geistliche Stimmung kommen zu müssen.

3. Was ist das Sprachengebet?

Das Sprachengebet ist eine Gebetssprache, die der Heilige Geist uns gibt. Der englische Theologe Michael Green macht in seinem Buch „I believe in the Holy Spirit" den guten Vorschlag, diese Gabe „Heilig-Geist-Sprache" zu nennen: eine Sprache, inspiriert vom Heiligen Geist, die uns ermöglicht, in einer tieferen Weise und größeren Intensität Gott anzubeten.

Wir können diese geistliche Sprache nicht lernen und in den meisten Fällen auch nicht Wort für Wort übersetzen. Manchmal offenbart uns der Heilige Geist die Bedeutung dessen, was wir beten. Doch häufig bleibt uns der Sinn verborgen. Ich finde die folgende

Definition des anglikanischen Bischofs David Pytches hilfreich:

Das Sprachengebet ist eine spontane, vom Heiligen Geist eingegebene Sprache, bei der die normalen Sprachorgane gebraucht werden. Unser Bewusstsein spielt in dem, was wir sagen, keine Rolle. Die Sprache, die gesprochen oder gesungen wird, wurde vom dem, der sie spricht, nicht gelernt.

(frei übersetzt aus: David Pytches, „Come Holy Spirit")

Wir sind die Sprechenden, der Heilige Geist ist es, der die Worte formt: Wir öffnen unseren Mund, bewegen unsere Lippen und unsere Zunge, setzen unseren Atem ein, bringen unsere Stimmbänder zum Schwingen. Keine externe Kraft übernimmt die Kontrolle über unseren Mund, während wir tatenlos zuhören, was wir sagen, und auch keine andere Stimme übernimmt das Reden. Sondern *wir* beten in Sprachen. Wir können damit anfangen und aufhören, wir können es laut und leise tun, wir können reden und singen. Aber es ist der Heilige Geist in uns, der die Worte formt. Er inspiriert das, was gesprochen oder gesungen wird. Wir brauchen uns dabei keine Gedanken zu machen, was oder wie wir es sagen. Wir brauchen nicht um Worte zu ringen oder uns um Grammatik oder Satzbau den Kopf zu zerbrechen – der Heilige Geist formt die Worte und den Inhalt der Gebete.

4. Wie ich anfing, in Sprachen zu beten

Mit 16 Jahren wurde ich Christ und begann Jesus nachzufolgen. Obwohl ich mein Leben lang mit meiner Familie in die Kirche gegangen war und viele Gottesdienste besucht hatte, veränderte sich durch mein Christwerden nun viel: Ich verliebte mich in Jesus, ich konnte nicht mehr aufhören, die Bibel zu lesen und zu beten. Als Jugendlicher hatte ich immer einen großen Bogen um Bücher gemacht: Lesen machte mir keinen Spaß und ich konnte es auch nicht gut. Doch als ich begann Jesus nachzufolgen, bekam ich Heißhunger auf die Bibel und konnte nicht aufhören, sie zu lesen. Zur selben Zeit gab es einen kleinen geistlichen Aufbruch an meiner Schule. Der war vor allem dadurch sichtbar, dass wir uns mit einigen Schulkameraden zur „Gebetsgruppe" trafen: jeden Tag in jeder Pause, zum Gebet und Lobpreis – teilweise mit sechzig bis siebzig Schülern. In vielen von uns wuchs ein geistlicher Hunger nach mehr von Gott. Und obwohl wir als Schüler nur wenig oder schlechtes Bibelwissen hatten, liebte Gott offensichtlich unsere Pausen-Gebetsgruppe und segnete sie. Ich erinnere mich noch gut daran, dass ich in der Bibel viele Stellen las, die ich aus der Kinder- und Jugendarbeit der Gemeinde kannte. Ich las aber auch viele Stellen, von denen ich nie zuvor gehört hatte. Und gerade diese fand ich besonders spannend. Da ging es häufig um

Zeichen und Wunder, um die vielen Heilungen und Befreiungen, die Jesus tat. Und da waren auch die Stellen, in denen Jesus seine Jünger dazu aufrief, die gleichen Dinge zu tun wie er. Das war neu für mich. Vor mir öffnete sich eine Welt, über die ich mehr wissen wollte. Also las ich mehr und suchte im Gebet nach Erfahrungen mit Gott. Häufig dachte ich damals: „Hätte ich all das schon vorher gewusst, dann wäre ich schon früher Christ geworden" – war doch das Christsein gar nicht so langweilig, wie ich es über Jahre empfunden hatte. Es dauerte nicht lange, bis ich schließlich Bibelstellen über das Sprachengebet las: eine merkwürdige Gebetssprache, bei der der Heilige Geist durch uns betet, ohne dass wir sie verstehen. Komisch, dachte ich – aber spannend! Dann hörte ich von Freunden, die sich mit ähnlichen Themen beschäftigten, und von einigen, die sogar schon in Sprachen beteten. Für mich war klar: Das will ich auch! Also begann ich als junger Christ, Gott um das Sprachengebet zu bitten. Frei heraus, wie ein Kind, bat ich meinen himmlischen Vater um dieses Geschenk.

Wenn nun ihr, die ihr böse seid, euren Kindern gute Gaben zu geben versteht, wie viel mehr wird der Vater im Himmel [den] Heiligen Geist denen geben, die ihn bitten! (Lukas 11,13 / Schlachter)

In dieser Zeit besuchte ich mit einigen Freunden sonntagnachmittags einen tamilischen Gottesdienst, der dafür bekannt war, dass dort unter Handauflegung für Leute gebetet wurde und Gott in Kraft wirkte. In diesem Gottesdienst wurde auch viel in Sprachen gebetet. Ich wusste allerdings nie genau wann, da sich in meinen Ohren schon allein der tamilische Name des Pastors aus Sri Lanka wie Sprachengebet anhörte. Jeden Sonntag ging ich nach vorne, um für mich beten zu lassen (eine Praxis, die ich bei Gottesdiensten bis heute gerne aufrechterhalte, wenn ich die Möglichkeit dafür habe). Ich wollte einfach mehr von Gott! An einem dieser Sonntage stand ich wieder mit einigen meiner Schulfreunde vorne, um für mich beten zu lassen. Plötzlich bat uns der Pastor, unsere Kaugummis aus dem Mund in seine Hand zu spucken. Er legte sie daraufhin in einen Blumenkübel, der dekorativ neben der Bühne stand. Ich verstand nicht so richtig, was nun passieren sollte, zumal ich sowieso so gut wie nichts von dem verstand, was bei diesem Gottesdienst gesagt wurde. Schließlich wurde ja die meiste Zeit Tamilisch oder in Sprachen gesprochen. Das Tamilische wurde zwar meistens ins Deutsche übersetzt – aber ehrlich gesagt hörte sich auch die Übersetzung für mich eher nach Sprachengebet als nach Deutsch an. Was sollte also jetzt passieren, nachdem die Kaugummis im Blumenkübel gelandet waren? Der Pastor ging vor uns auf und ab und forderte uns auf, so etwas wie *Schacka mackucku* zu sagen. Das tat ich dann auch – doch was jetzt? Ich vermute, der Pastor wollte das, damit wir lockerer dafür werden, ins Sprachengebet hinein zu kommen. Es hätte wahrscheinlich auch genauso gut *Schucku mackicki* sein können. Nach einer ganzen Weile *Schacka mackucku* dachte ich: Bei mir funktioniert das irgendwie nicht. Zu meiner Überraschung legten aber alle meine Kumpels nach einigen *Schacka mackuckus* los und begannen voller Freude, Gott in Sprachen anzubeten. Nur ich blieb noch bei meinem *Schacka mackucku* – und ließ es dann irgendwann einfach bleiben.

Am nächsten Tag war ich wieder in der Schule. Wie jeden Tag in jeder Pause trafen wir uns als Gruppe zum Beten. Und beim Gebet in der Schulpause fing ich plötzlich an: Ohne wirklich darüber nachzudenken, begann ich einzelne Worte vor mich hin zu murmeln. Diese Worte kannte ich nicht. Nach einiger Zeit begriff ich erstaunt, dass dies wahrscheinlich das Sprachengebet war, um das ich Gott gebeten hatte. Es war erstaunlich unspektakulär und sehr einfach. Eigentlich fast zu einfach – hatte ich mir doch ein emotionaleres Erlebnis vorgestellt. Zur Sicherheit ging ich erst mal zu einem Freund aus der Gebetsgruppe, der zur örtlichen Pfingstgemeinde gehörte. Ich präsentierte ihm schüchtern meinen ersten Satz in Sprachen. Souverän und abgeklärt sagte er nur: „Das isses!"

Und so war es auch. Begeistert über diese Gabe, betete ich von da an überall, wo ich war, fröhlich in

Sprachen: im Schulflur, in der Bahn und mit meinen Freunden in der Disko. Nach kurzer Zeit wurde ich immer sicherer im Ausüben dieser Gabe und aus einem einzelnen Satz wurde schnell ein Sprachfluss. Durch das Sprachengebet wird seither mein Glaube gestärkt und ich kann auch dann beten, wenn mir die Worte fehlen – trotz Müdigkeit, Stress oder Hilflosigkeit.

5. Das Sprachengebet bei den ersten Christen

Über das Sprachengebet wird im Neuen Testament vor allem in der Apostelgeschichte und im 1. Korintherbrief gesprochen. Aber auch im Missionsauftrag am Ende des Markusevangeliums verheißt Jesus diese Gabe. An mehreren Stellen im Neuen Testament wird vom „Beten im Geist" gesprochen. Dies ist wohl eher als ein Überbegriff für Gebet zu verstehen, das vom Heiligen Geist bevollmächtigt wurde. Darunter fallen Gebetsarten wie die prophetische Fürbitte oder die geistliche Kampfführung, aber sicher auch das Sprachengebet. Im Neuen Testament wird das Sprachengebet das erste Mal im Markusevangelium erwähnt:

Diese Zeichen aber werden die begleiten, die gläubig geworden sind: In meinem Namen werden sie Dämonen austreiben, sie werden in neuen Sprachen reden, Schlangen werden sie aufheben, und wenn sie etwas Tödliches trinken, wird es ihnen nichts schaden; Kranken werden sie die Hände auflegen, und sie werden sich wohl befinden. (Markus 16,17-18 / Schlachter)

Hier richtet Jesus einige letzte Worte an seine Jünger, um sie auf die kommende Zeit vorzubereiten. Sie werden Jesus nicht mehr leibhaftig bei sich haben, aber dafür sollen sie mit dem Heiligen Geist erfüllt werden. Sie erhalten den Auftrag, das Evangelium bis an die Enden der Erde zu bringen, so wie Jesus es ihnen in den Jahren zuvor vorgelebt hat. Dafür sollen die Jünger mit dem Heiligen Geist erfüllt werden, der sie mit der gleichen übernatürlichen Kraft ausrüstet, mit der auch Jesus ausgerüstet war. Eines der begleitenden Zeichen für die Bevollmächtigung mit dem Heiligen Geist soll das Reden in neuen Sprachen sein. Das ist das einzige, was uns der Autor Markus über diese Gabe sagt: Eines der Zeichen, die die Gläubigen begleiten, wird das Sprachengebet sein – mehr nicht. Offenbar ist das für Markus genug Information, die seine Leser dazu brauchen. Keine weitere Erklärung, kein großes Referat. Ich schließe daraus, dass die Jünger eine sehr unkomplizierte Haltung zu dieser Gabe hatten. Für sie war klar: Wenn der Heilige Geist kommt, werden wir in neuen

Sprachen reden. Mit dieser Erwartung stolperten die Jünger in das Pfingstereignis hinein.

6. Das Sprachengebet in der Apostelgeschichte

An Pfingsten geht es dann richtig los – und das Sprachengebet tritt zum ersten Mal auf: Eine Gruppe von Jüngern trifft sich täglich in einem Raum in Jerusalem. Die Jünger beten gemeinsam und warten drauf, dass der Heilige Geist wie angekündigt ausgegossen wird. Wie groß diese Gruppe an diesem Tag genau war, wissen wir nicht. Doch das, was dann passiert, muss eine mächtige Erfahrung gewesen sein: Ein Brausen kommt vom Himmel herunter wie ein Wind und erfüllt den Raum. Dann sehen die Jünger Feuerflammen auf ihren Köpfen ringsum, sie werden mit dem Heiligen Geist erfüllt. Dabei verhalten sie sich offenbar wie Betrunkene (Apostelgeschichte 2,13) und beginnen in neuen Sprachen zu reden:

Und sie wurden alle vom Heiligen Geist erfüllt und fingen an, in anderen Sprachen zu reden, wie der Geist es ihnen auszusprechen gab. (Apostelgeschichte 2,4 / Schlachter)

Dieser Trubel sorgt offenbar für derartiges Aufsehen, dass die Leute von den Straßen herbeilaufen. Verwundert hören nun Menschen aus unterschiedlichen Völkern ihre eigene Sprache aus dem Mund der Jünger:

Es wohnten aber in Jerusalem Juden, gottesfürchtige Männer aus allen Heidenvölkern unter dem Himmel. Als nun dieses Getöse entstand, kam die Menge zusammen und wurde bestürzt; denn jeder hörte sie in seiner eigenen Sprache reden. Sie entsetzten sich aber alle, verwunderten sich und sprachen zueinander: Siehe, sind diese, die da reden, nicht alle Galiläer? Wieso hören wir sie dann jeder in unserer eigenen Sprache, in der wir geboren wurden? (Apostelgeschichte 2,5-8 / Schlachter)

Was wir hier lesen, kann man als „Hörwunder" bezeichnen. Die Jünger werden alle mit dem Heiligen Geist erfüllt, beginnen in fremden Sprachen zu reden und jeder der Herbeigelaufenen *hört* die Jünger in seiner eigenen Sprache. Kein Wunder, dass dieses Geschehen bei den Leuten Verwunderung auslöst: „Das kann doch gar nicht sein, das sind alles einfache Galiläer – woher können die unsere Sprachen?"

Nach meiner Erfahrung ist das Sprachengebet meistens unverständlich für den Sprechenden und den Hörenden. Es kann aber auch vorkommen, dass entweder ein „Hörwunder" passiert, wie an Pfingsten, oder ein „Sprachwunder", bei dem der Sprechende eine Fremdsprache spricht, die er nie gelernt hat.

Wir haben im Central schon beides erlebt: Hörwunder und Sprachwunder. Einmal beteten zwei Mitarbeiter aus dem Central auf einem Workshop zum Thema Sprachengebet gemeinsam für eine Frau. Obwohl der eine Mitarbeiter fast ausschließlich in Sprachen betete, hörte die andere Mitarbeiterin alles auf Deutsch. Die Dinge und Themen, die er dabei im Gebet behandelte, konnte er aus dem Leben der Frau überhaupt nicht wissen – und sie waren sehr treffend. Dies kann man als Hörwunder bezeichnen. Etwas Ähnliches haben wir auch als Sprachwunder erlebt: Auf einem Schulungsabend im Central betete eine Mitarbeiterin in Sprachen für eine junge Frau. Die Mitarbeiterin betete dabei offenbar auf Spanisch – einer Sprache, die sie nie gelernt hat. Die empfangende Person konnte dagegen Spanisch – und war so in der Lage, das Gebet zu verstehen. In beiden Fällen waren diese Erlebnisse eine wunderbare Bestätigung dafür, dass Gott im Leben beider Menschen am Werk war.

Weiter lesen wir in Apostelgeschichte 10, dass das Sprachengebet für Petrus ein Beweis dafür war, dass sogar die Heiden (Nichtjuden) den Heiligen Geist empfangen hatten. Der römische Offizier Kornelius hatte Petrus in sein Haus eingeladen, um ihm und seinen Freunden von Jesus zu erzählen:

Und alle Gläubigen aus der Beschneidung, die mit Petrus gekommen waren, gerieten außer sich vor Staunen, dass die Gabe des Heiligen Geistes auch über die Heiden ausgegossen wurde. Denn sie hörten sie in Sprachen reden und Gott hochpreisen. (Apostelgeschichte 10, 45-46 / Schlachter)

Für den Juden Petrus und seine Begleiter war das ein echter Schock. Denn es zeigte ihnen, dass Jesus nicht nur als Erlöser für die Juden gekommen war, sondern als Erlöser für die Menschen aller Völker. Auch bei Paulus' Besuch in Ephesus ging das Sprachengebet mit der ersten Erfüllung mit dem Heiligen Geist einher:

Und als Paulus ihnen die Hände auflegte, kam der Heilige Geist auf sie und sie redeten in Zungen und weissagten. (Apostelgeschichte 19,6 / Schlachter)

Beim Lesen der Apostelgeschichte wird deutlich, dass das Sprachengebet offenbar zur ganz normalen Frömmigkeit der ersten Christen gehörte. Wir lesen zwar an keiner Stelle explizit, dass jeder Christ automatisch bei der Erfüllung mit dem Heiligen Geist in Sprachen spricht – umgekehrt wird aber auch von keinem Fall berichtet, wo es nicht geschehen wäre. In Sprachen zu beten schien der Normalfall bei den ersten Christen gewesen zu sein, was sich letztlich mit der Verheißung von Jesus in Markus 16,17 deckt.

7. Was sagt Paulus über das Sprachengebet?

7.1. Der Heilige Geist hilft uns beim Beten

Paulus gibt uns in Römer 8 einen Einblick in das, was passiert, wenn wir in Sprachen beten:

Dabei hilft uns der Geist Gottes in all unseren Schwächen und Nöten. Wissen wir doch nicht einmal, wie wir beten sollen, damit es Gott gefällt! Deshalb tritt Gottes Geist für uns ein, er bittet für uns mit einem Seufzen, wie es sich nicht in Worte fassen lässt. Und Gott, der unsere Herzen durch und durch kennt, weiß, was der Geist für uns betet. Denn im Gebet vertritt der Geist die Menschen, die zu Gott gehören, so wie Gott es möchte. (Römer 8,26-27 / HfA)

Unsere Gefühlswelt ist viel größer als unsere Fähigkeit, sie in Worten auszudrücken. Wir brauchen das Lachen, Weinen, Schreien, Jubeln, um unsere Gefühle angemessen auszudrücken. In großer Trauer bleibt uns häufig nichts anderes übrig, als nur zu weinen und zu klagen – unfähig, Worte für das zu finden, was wir durchleiden. Genauso fehlen uns in den glücklichsten Momenten häufig die Worte. Dann können wir einfach nur jubeln: Im DFB-Pokalfinale 2018 gewann der Außenseiter Eintracht Frankfurt mit einer außergewöhnlichen Leistung gegen den schier übermächtigen Favoriten FC Bayern München. Die Interviews mit den Siegern nach dem Spiel waren bezeichnend: Kaum einer der Spieler vermochte es, einen ordentlichen Satz zu reden. Die Zuschauer erlebten mit, wie die Freude über den Sieg die Fähigkeit ausschaltete, ein paar ganze Sätze ins Mikrofon zu sprechen. Stattdessen gaben die Spieler teilweise völlig Unverständliches von sich. Lachend saß ich vor dem Fernseher und dachte: Das hört sich fast wie Sprachengebet an. Paulus sagt, dass der Heilige Geist uns in Schwachheit und Not beim Beten hilft. Denn oft wissen wir nicht, wie wir beten sollen. Durch das Sprachengebet aber haben wir die Möglichkeit, alles, was wir erleben und vielleicht sogar über Jahre in der Tiefe unserer Seele vergraben haben, vor Gott zu tragen. Allen Schmerz und alle Zerbrochenheit, für die wir schon lange keine Worte mehr gefunden haben. Aber auch Bewunderung und Verehrung Gottes, wenn wir erkennen, wie heilig, schön, liebevoll und mächtig er ist.

Aber nicht nur das. Wie häufig weiß ich nicht, was ich beten soll? Die Gründe dafür sind unterschiedlich: Zum Beispiel kenne ich nicht den Willen Gottes in jeder Situation oder den Plan, den Gott mit einer bestimmten Person hat. Auch hier können wir in Sprachen beten, weil Gottes Geist unserer Schwachheit hilft.

Auch wenn ich müde oder gestresst bin, weiß ich häufig nicht, was ich beten soll oder wie ich überhaupt ins Gebet hineinkommen kann. Oder vielleicht möchte ich einmal längere Zeit am Stück im Gebet verbringen, ohne dass ich besondere Anliegen habe, die ich vor Gott bringen möchte. Wieder: Im Sprachengebet tritt der Heilige Geist für mich ein und hilft mir in meiner Schwachheit.

Die englische Missionarin Jackie Pullinger arbeitet seit vielen Jahren in Hongkong unter Drogensüchtigen und Kriminellen. Sie berichtet, dass sie und ihre Mitarbeiter jeden Morgen 15 Minuten in Sprachen beten, bevor die Herausforderungen des Tages beginnen. Sie stellen dabei fest, dass im Sprachengebet alle Aufgaben und Begegnungen geistlich vorbereitet werden, die am Tag folgen. Wieder: Wir wissen nicht, was wir beten sollen. Der Heilige Geist aber weiß es schon – also tritt er für uns ein.

An dieser Stelle möchte ich gern mit einem Gerücht aufräumen: „Das Sprachengebet ist nur etwas für besonders gute Christen, die viel glauben, wenig zweifeln und selten sündigen." Als wäre das Sprachengebet eine Trophäe für ein gutes und anständiges Christenleben. Ganz im Gegenteil: Das Sprachengebet ist für diejenigen da, die Hilfe vom Heiligen Geist in ihrer Schwachheit brauchen. Also für Leute wie dich und mich.

7.2. Das Sprachengebet stärkt den Glauben

Wenn jemand in anderen Sprachen redet, wird er selbst dadurch im Glauben gestärkt. (1.Korinther 14,4 / NLÜ)

Eigentlich ist es ganz einfach: Sprachengebet stärkt den Glauben. Wer in Sprachen betet, der hat danach einen stärkeren Glauben als vorher – ob wir es gerade fühlen oder nicht.

Ich kenne so gut wie keinen Christen, der sich nicht immer wieder Stärkung im Glauben wünscht. Besonders in den dunklen und stürmischen Zeiten des Lebens, in denen plötzlich unsere Sicherheiten davonschwimmen. In Zeiten, in denen wir Halt und Kraft aus dem Glauben schöpfen wollen, stärkt das Sprachengebet unseren Glauben. Im Epheserbrief spricht Paulus über geistliche Kampfführung und darüber, wie wir uns gegen die Angriffe des Teufels verteidigen können. Dabei spricht er über die geistliche Waffenrüstung, die Gott uns zur Verfügung stellt: den Helm des Heils, den Schild des Glaubens, das Schwert des Geistes. Paulus beendet diesen Abschnitt, indem er uns ermuntert, alle Zeit im Geist zu beten (Epheser 6,18). Das Beten im Geist stärkt unseren Glauben – und dient als Waffe im Kampf gegen die Mächte der Finsternis.

In welchen Situationen aber brauche ich denn besondere Stärkung des Glaubens?

Wenn Zweifel kommen: Wer kennt solche Zeiten nicht? Zweifel schleichen sich ins Herz, und plötzlich wissen wir gar nicht mehr, was wir glauben sollen. Was vor kurzem noch so klar und sicher war, erscheint uns plötzlich fragwürdig. Vielleicht ist etwas Schlimmes, Unvorhergesehenes passiert. Oder es ist der Teufel, der uns mit „feurigen Pfeilen" des Unglaubens beschießt. Auch hier: Das Sprachengebet stärkt, was an Glauben da ist, und Zweifel verlieren ihre Kraft.

Wenn Anfechtungen kommen: Wenn die Anfechtungen des Teufels kommen, der uns von dem abhalten will, was Gott uns aufgetragen hat. Plötzlich kommen Krankheit, Streit oder Angst ins Leben. Unser Glaube wird getestet und die Versuchung ist groß einfach aufzugeben. Im Sprachengebet wird unser Glaube gestärkt.

Wenn Versuchungen kommen: In den Momenten, in denen wir versucht werden, in Sünde zu fallen. Sünde und Glauben stehen immer im Konflikt miteinander. Die Sünde bedient sich unseres Unglaubens, unseres Misstrauens gegenüber Gott: Meint es Gott wirklich gut mit mir? Finde ich das Leben in Fülle wirklich bei ihm – oder nicht doch eher in Sex, Materialismus oder Selbstbestimmung? Ein gestärkter Glaube entzieht der Versuchung zur Sünde die Luft und erstickt sie. Die Missionarin Jackie Pullinger erlebt, dass etliche Menschen übernatürlich von Drogensucht befreit werden – und frei bleiben. Das Sprachengebet spielt dabei eine große Rolle. Die Süchtigen werden ermutigt, in Sprachen zu beten. Dadurch wird ihr Glaube in Gott gestärkt und die Versuchung entscheidend geschwächt, rückfällig zu werden.

In Galater 5,16 fordert Paulus uns auf, im „Geist zu wandeln", um so den „Begierden des Fleisches" zu widerstehen: der Schwachheit unserer alten Natur. Eine praktische Anwendung davon könnte sein, in Sprachen zu beten, um eine bestimmte Versuchung zurückzudrängen, mit der du kämpfst, um sie schließlich zu überwinden.

Ich empfehle Christen, die Versuchungen in ihrem Leben besiegen wollen, viel in Sprachen zu beten.

Wenn der Glaube besonders herausgefordert ist: Bevor wir für eine Person für Heilung oder Befreiung von dämonischen Mächten beten, ist es hilfreich, einige Zeit vorher in Sprachen zu beten und sich im Glauben zu stärken. Das Gleiche gilt beispielsweise auch für Predigtdienste oder evangelistische Gespräche. Glaube kann Berge versetzen – das wissen wir. Ich nutze bei Krankenbesuchen immer die Hinfahrt, um nichts anderes zu tun, als in Sprachen zu beten und meinen Glauben zu stärken für den vor mir liegenden Dienst.

Die Stärkung des Glaubens – wer braucht sie nicht? Ich kenne niemanden. Ich erinnere mich noch gut an ein Gespräch, das ich als Jugendlicher mit einem jungen Mann über das Sprachengebet geführt habe: Ich war ein begeisterter Befürworter dieser Gabe und er ein entschiedener Gegner. Die Argumente gingen hin und her. Beide Seiten wurden immer frustrierter. Gegen Ende fragte ich ihn: „Was würdest du sagen, wenn Gott heute vor dir stehen würde und dir das Sprachengebet auf einem Silbertablett anbieten würde?" Seine Antwort folgte prompt und entschieden: „Ich würde dankend ablehnen!" Was sich erst vielleicht lustig anhörte, fand ich sehr schade und nur schwer nachvollziehbar. Wie kann man so auf ein Angebot Gottes reagieren, unseren Glauben zu stärken? Ich hoffe, er hat mittlerweile seine Meinung geändert.

7.3. Geistliche Geheimnisse

Er redet Geheimnisse im Geist. (1. Korinther 14,2 / Schlachter)

Geheimnisse sind nicht für die Öffentlichkeit bestimmt, sie gelten nur vertrauten Menschen. Geheimnisse werden bewusst verborgen und nur einigen Auserwählten mitgeteilt. Das Sprachengebet ist wie eine intime Liebessprache zwischen unserem Geist und dem Heiligen Geist. Hier werden Geheimnisse der geistlichen Welt und des Reiches Gottes ausgetauscht. Wie in jeder Liebesbeziehung oder Freundschaft, entwickelt sich auch in der Beziehung mit Gott eine ganz eigene Art der Kommunikation. Bei der mittlerweile abgesetzten Fernsehsendung „Wetten Dass...?" traten einmal zwei Freundinnen auf. Sie wetteten, dass sie miteinander ganze Sätze kommunizieren könnten, ohne dass sie Worte gebrauchen oder etwas für andere Sichtbares tun würden. Es war erstaunlich: Die beiden Freundinnen saßen sich ruhig und entspannt gegenüber und kommunizierten miteinander, ohne dass die Zuschauer etwas davon mitbekamen. Was wie Telepathie aussah, war aber in Wirklichkeit eine Geheimsprache: Die beiden hatten sie in den Jahren ihrer intensiven Freundschaft entwickelt. Sie beruhte auf minimaler Mimik und Gestik. Das war für den Zuschauer fast unsichtbar. Für Außenstehende war es ein Geheimnis – für die beiden Freundinnen ihre ganz eigene Art, miteinander zu kommunizieren.

So ähnlich ist es auch im Sprachengebet: Unser Geist und der Heilige Geist kommunizieren Geheimnisse mit dem Vater im Himmel. Viele Christen, die in Sprachen beten, bestätigen, dass es ihnen leichter fällt, Gottes Stimme zu hören und seine Gegenwart zu erfahren, während sie in Sprachen beten. Andere berichten auch, dass es ihnen dann zum Beispiel leichter fällt,

Predigten vorzubereiten. Angesichts dessen, dass im Sprachengebet eine tiefe Art der Kommunikation stattfindet, ergibt das für mich Sinn. Aus meiner Erfahrung der letzten Jahre als geistlicher Leiter kann ich Folgendes sagen: Das Sprachengebet hilft Christen dabei, die geistliche Welt wahrzunehmen.

Jesus sagt, dass das Reich Gottes ein Geheimnis ist, das seinen Jüngern anvertraut wird (Markus 4,11 und Lukas 8,10). Und er sagt auch, dass der Heilige Geist uns lehrt und tiefer in die Wahrheit leitet (Johannes 16,12-15).

7.4. Keine Sache des Verstandes

Denn wenn ich in einer Sprache bete, so betet zwar mein Geist, aber mein Verstand ist ohne Frucht. (1. Korinther 14,14 / Schlachter)

Beim Sprachengebet müssen wir uns keine Gedanken über das machen, was wir sagen. Die Worte kommen direkt aus dem Geist in den Mund und brauchen keinen Umweg über den Kopf zu machen. Das ermöglicht uns, trotz Stress und Terminen über viele Zeiten des Tages zu beten.

Viele Christen sagen, dass sie besonders ihre Autofahrten gebrauchen, um in Sprachen zu beten. Dadurch, dass sie sich nicht auf das Gebet konzentrieren müssen, können sie sich vollständig auf den Straßenverkehr konzentrieren.

Im CenTral gibt es viele junge Eltern. Besonders ihnen empfehle ich, das Sprachengebet viel zu nutzen. Wahrscheinlich ist es die wichtigste Gebetsform für Eltern von Kleinkindern. Während ihre Kinder alle möglichen Ansprüche und Anforderungen an sie stellen, haben junge Eltern oft kaum Zeit für Gebet und das Lesen der Bibel. Das bringt nun einmal die Phase mit sich, wenn die Kinder am kleinsten sind. Aber es gibt eine gute Nachricht: Selbst wenn ein Haufen Kinder an unserem Rockzipfel hängt und wir einfach keinen freien Kopf haben zum Beten, können wir in Sprachen beten – denn dafür brauchen wir keinen freien Kopf.

Das gilt auch für Menschen, die im Beruf konzentriert arbeiten müssen. Wer einer Sitzung folgt und den Kollegen zuhört oder seine E-Mails beantwortet, hat keine Zeit, sich mal eben fünf Minuten auszuklinken und allein im stillen Kämmerlein zu beten. Durch das Sprachengebet aber können wir voll anwesend und gleichzeitig im Gebet mit Gott verbunden sein.

- Erlebnisbericht: Jana -

Ich war 14 Jahre und kam von meiner ersten Jugendkonferenz nach Hause. Der Prediger sprach über das Thema Sprachengebet. Er erzählte, dass er es unspektakulär bei einem Waldspaziergang bekommen hatte. Er betonte sehr, dass Gott das Sprachengebet gerne gibt, wenn wir ihn darum bitten.

Ich hatte Gott noch nie darum gebeten, daher dachte ich, dass das zumindest mal ein erster Schritt wäre. Ich ging also nach der Konferenz in mein Zimmer und legte mir eine Hand auf meinen Kopf. Aus irgendeinem Grund dachte ich, dass das Sinn ergibt. Und dann bat ich Gott, mir jetzt das Sprachgebet zu geben. Eine Freundin gab mir noch den Tipp, dass ich ja diejenige bin, die letztlich den Mund aufmacht und spricht, also solle ich zum Beispiel einfach das Alphabet aufsagen und schauen, ob und was sich daraus entwickeln würde.

Ich machte also den Mund auf und brauchte nicht lange das Alphabet aufzusagen, da begann ich einige mir unbekannte Worte zu sprechen. Irgendwie wusste ich: Das war anders, als nur der Versuch, eine unbekannte Sprache zu imitieren. Vor allem deswegen, weil ich mit großer Dankbarkeit erfüllt wurde und mit einer Ehrfurcht vor Gott, die ich vorher so nicht hatte.

In den folgenden Jahren habe ich das Sprachengebet wenig praktiziert, weil es kaum Leute in meinem Umfeld gebrauchten. Ich war mir auch unsicher, ob ich das Sprachengebet denn überhaupt hatte – oder noch hatte. Daraufhin sprach ich mit meinem Pastor über meine Unsicherheit. Der riet mir, ich solle es üben und auf jeden Fall einsetzen und gebrauchen, auch wenn ich mir unsicher sei und es sich komisch anfühle. Das tat ich dann – mal mehr und mal weniger.

Heute bin ich dankbar über dieses Geschenk, weil ich mit meinen beiden kleinen Kindern weniger Zeit finde, um mich gezielt hinzusetzen und mit meinem Verstand zu beten. Es hilft mir daher, zwischendurch in Sprachen zu beten. Insbesondere dann, wenn ich Angst habe oder in Situationen stehe, in denen ich mich selbst sehr hilflos fühle. Zum Beispiel wenn die Kinder sich sehr weh tun. Meinem damals dreijährigen Sohn Paul habe ich einmal aus Versehen die Hand am Kofferraum des Autos eingeklemmt. Mit voller Wucht schlug den in den Kofferraum zu – mit seiner Hand dazwischen. Ich erschrak mich sehr, begann aber sofort laut in Sprachen zu beten. Paul hörte schon nach fünf Minuten wieder auf zu weinen und ich konnte keine Verletzung an seiner Hand sehen. Wir fuhren danach sogar noch zum Kinderturnen. Mich hat Gott in dieser Situation sehr beruhigt. Und nicht nur das: Gott hat vermutlich auch Paul die Schmerzen genommen und seine Gegenwart hat die Situation wieder in Ordnung gebracht. Kann sein, dass ich genau dafür gebetet habe in einer mir unbekannten Sprache. In einem Moment, in dem ich selbst nicht klar denken konnte.

7.5. Viel hilft viel

Ich danke meinem Gott, dass ich mehr in Sprachen rede als ihr alle. (1. Korinther 14,18 / Schlachter)

Paulus schreibt den Christen in Korinth, dass er mehr in Sprachen betet, als sie alle. Typisch Paulus. Woher will er wissen, wie viel Tante Hilde oder der kleine Tobias aus der Gemeinde in Korinth wirklich in Sprachen beten? Natürlich wusste Paulus das nicht. Er wollte damit wohl sagen, dass die Gabe in Sprachen zu beten einen sehr hohen Stellenwert in seinem Alltag hatte. Reisebegleiter von Paulus hörten ihn wahrscheinlich viel in Sprachen beten: abends vor dem Einschlafen, morgens nach dem Aufstehen, auf dem Weg in die Synagoge, vor dem Predigen. Wenn es für Paulus so wichtig war, *viel* in Sprachen zu beten, ist es dann nicht auch für uns gut, dieser Gabe in unserem Alltag viel Raum zu geben?

8. Paulus, die Geistesgaben und die Korinther

Vor allem im 1. Korintherbrief erfahren wir viel über die Geistesgaben, die Gott uns schenkt. Als junger Christ wurde mir dieser Abschnitt in der Bibel ungefähr so dargestellt: Die Gemeinde in Korinth war eine super-charismatische Gemeinde. Paulus fand das nicht so gut und wies sie deshalb zurecht. Er erlaubte der Gemeinde zwar, ihrem „charismatischen Tick" nachzugehen – aber bitte etwas gemäßigter. Im Wesentlichen wollte er also, dass sie weniger Wert auf das Ausüben der Geistesgaben legen.

Nichts hätte Paulus ferner liegen können als das. Im Dienst des Apostels haben die Geistesgaben eine wichtige Rolle gespielt und viele Zeichen und Wunder geschahen. Paulus selbst praktizierte alle möglichen Geistesgaben. Er wäre der letzte gewesen, der die Korinther darin hätte bremsen wollen. In der Einleitung des 1. Korintherbriefs dankt Paulus Gott dafür, dass die Korinther keinen Mangel an den Gaben haben (1,7). Und er ermuntert die Gemeinde im selben Brief – kurz bevor er beginnt, über die Gaben des Geistes zu lehren – seinem Vorbild zu folgen, so wie er dem Vorbild Christi folgt (1. Korinther 11,1). Was ich früher über Paulus und die Geistesgaben bei den Korinthern dachte und was mir dazu gelehrt wurde, ergibt heute für mich keinen Sinn mehr. Im Gegenteil: Paulus lehrt die Korinther, die Gaben des Heiligen Geistes in einer Weise anzuwenden, dass die Gemeinde *noch mehr* Nutzen davon hat als bisher. Das kann in manchen Teilen des Gottesdienstes oder des Gemeindelebens natürlich auch bedeuten, die Gaben zurückhaltender auszuüben oder ihren Gebrauch zu ordnen. Das Ziel von Paulus aber bleibt dasselbe: *Jeder* soll dazu beitragen, dass *alle* Geistesgaben im Gottesdienst angewandt werden und ihre *volle Wirkung* entfalten können (14,12; 14,26 und 14,39-40). Es stimmte, dass die Korinther massive Probleme in ihrer Gemeinde hatten: zum Beispiel sexuell unmoralisches Verhalten, wie es nicht einmal bei Nichtchristen zu finden war (5,1); Gemeindemitglieder, die wegen eines Streits gegeneinander vor Gericht zogen, statt ihn in einer versöhnlichen Haltung beizulegen (6,1) und reiche Mitglieder der Gemeinde, die sich zum Abendmahl ihr Essen selbst mitbrachten, sich satt aßen und betranken und den Armen nichts übrig ließen (11,33).

Das waren die eigentlichen Kritikpunkte von Paulus an der Gemeinde. Der Apostel geht sie scharf an. Er warnt die Korinther vor geistlicher Arroganz. Denn offenbar meinten einige von ihnen, durch den Gebrauch der Geistesgaben – vor allem des Sprachengebets – besonders geistlich zu sein. Paulus machte ihnen deutlich, dass es nichts gibt, worauf die Korinther stolz sein könnten: Der einzige, dessen sie sich rühmen könnten, sei der Herr (1,31).

Offenbar dachten die Korinther, durch das Sprachengebet eine höhere Form von Geistlichkeit entwickelt zu haben und daher sorglos mit den materiellen und körperlichen Seiten des Lebens umgehen zu können: Sie zeigten keinerlei Mitgefühl mehr für die Armen und warfen jede Sexualmoral über Bord. Schließlich zeigte ihr Sprachengebet ja, dass sie geistliche Menschen waren. Dieses Gedankengut hatten einige der Christen in Korinth sicherlich als Relikt aus den heidnischen Religionen mitgebracht, in die sie früher involviert gewesen waren. Es gewann einen ungesunden Einfluss in ihrem Gottesdienst, wo offenbar fast nur noch in Sprachen gebetet wurde. Es schien keine verständlichen Ansprachen mehr zu geben (14,6), zu denen die Gottesdienstgemeinde „Amen" („*So ist es*") hätte sagen können (14,16). Keiner verstand mehr, was im Gottesdienst gesprochen wurde, und auf unkundige oder nichtgläubige Besucher wurde in dem ganzen Geschehen gar keine Rücksicht genommen (14,23).

9. Sprachengebet im Gottesdienst

Paulus bringt nun Ordnung ins Chaos, damit der Gottesdienst der Korinther für alle erbaulich, verständlich und nützlich wird. Und damit auch ungläubige oder unkundige Menschen erkennen: Was hier passiert, folgt einem Zweck. Ich bin der Meinung, dass die Kernbotschaft von Paulus dabei diese ist: Strebt nach mehr vom Heiligen Geist – aber klinkt dabei eure Vernunft nicht aus.

Die letzten beiden Verse seiner Lehre über den Gebrauch der Geistesgaben in seinem Brief bringen auf den Punkt, worauf er hinaus möchte:

Also, ihr Brüder, strebt danach, zu weissagen, und das Reden in Sprachen verhindert nicht. Lasst alles anständig und ordentlich zugehen! (1. Korinther 14,39-40 / Schlachter)

Paulus unterscheidet offenbar zwei Situationen, in denen im Gottesdienst in Sprachen gesprochen wird: Die eine ist für alle hörbar, öffentlich. Die andere geschieht für einen selbst, persönlich. Wer in Sprachen betet, der erbaut sich selbst. Wer prophetisch redet, erbaut die Gemeinde, schreibt der Apostel (14,4). Das ergibt Sinn. Demnach ist das Sprachengebet, wenn es nicht ausgelegt wird (dazu später mehr), für alle anderen unverständlich. Deshalb ist es im Gottesdienst weniger nützlich als andere Gaben. Das bedeutet aber nicht, dass für Paulus diese Gabe insgesamt weniger wichtig wäre – denn er schreibt ja, dass er sehr viel in Sprachen betet (14,18). Wenn aber jemand in Sprachen betet und er selbst oder jemand anderes die Worte auslegen kann (12,10), dann werden sie so glaubensstärkend und erbaulich für alle Hörer, wie sonst die prophetische Rede (14,5). Damit gewinnt die Gabe im Gottesdienst einen sehr hohen Stellenwert.

Praktisch bedeutet das, dass wir im Gottesdienst natürlich in Sprachen beten können – auch, wenn es nicht ausgelegt wird. Dabei sollen wir aber immer Rücksicht auf Menschen nehmen, die noch wenig oder gar nicht mit diesen Seiten des Glaubenslebens vertraut sind (14,23). Dies kann man tun, indem man vermeidet, übermäßig laut und viel ins Mikrofon zu beten, ohne das Sprachengebet auszulegen und ohne zu erklären, warum man es tut. Paulus geht noch weiter: Wenn jemand öffentlich in Sprachen betet, aber feststellt, dass weder er selbst noch jemand anderes es auslegen kann, soll er nur für sich persönlich weiterbeten (14,28). Paulus sagt, dass wir prophetisch nur „Stückwerk" reden. Das bedeutet, dass wir uns im Gebrauch der Geistesgaben auch irren können. Deshalb sollen wir dabei alles prüfen und das Gute behalten (1. Thessalonicher 5,21).

Das Gleiche gilt auch für das Sprachengebet. Es kann passieren, dass man meint, ein für den öffentlichen Gottesdienst bestimmtes Sprachengebet zu haben. Man spricht es aus – und stellt dann fest, dass niemand es auslegt. Vielleicht hat man sich geirrt. Es könnte aber auch sein, dass sich niemand getraut hat es auszulegen. Paulus scheint das bei den Korinthern erlebt zu haben und macht direkt einen Vorschlag, um mit dieser Situation umzugehen: weiterbeten! Nicht öffentlich, sondern für sich selbst. Paulus macht hier keinen Vorschlag, um solche vermeintlichen Fehler zu vermeiden. Er scheint davon auszugehen, dass sie passieren, und verhindert es nicht. Weitermachen ist sein Vorschlag.

Bei uns im Central beten viele im Gottesdienst für sich in Sprachen. Auch im Lobpreis singen wir manchmal gemeinsam in Sprachen. Nicht immer, aber immer mal wieder – je nachdem, wie der Heilige Geist uns leitet. Manchmal singen die Lobpreisleiter kurz in Sprachen ins Mikrofon, um damit die Gemeinde zu ermuntern, dass nun alle in Sprachen singen können. Meistens sagen die Leiter dann etwas wie: „Wer in Sprachen betet oder singt, kann dies jetzt tun." Wer nicht mit dem Sprachengebet vertraut ist, wird dazu ermutigt, sich vom Heiligen Geist leiten zu lassen, eine eigene Melodie zu singen oder zu summen oder mit eigenen Worten Gott zu loben. Uns ist wichtig, dass im Gottesdienst niemand ausgeschlossen wird, unabhängig von Vorerfahrung und Prägung. Während anderer Phasen im Gottesdienst beten immer wieder auch Gottesdienstbesucher in Sprachen, aber nicht laut, sondern leise und für sich selbst. Wenn jemand besonders laut in Sprachen betet, dann bitten wir um eine Auslegung. Und wenn diese nicht folgt, bitten wir die Person, ruhiger für sich selbst zu beten.

10. Sprachengebet und die Gabe der Auslegung

Durch die Gabe der Auslegung offenbart der Heilige Geist einer Person, was in Sprachen gebetet wurde. Das kann dieselbe Person sein, die das Sprachengebet hatte, oder auch eine andere Person. Es handelt sich dabei nicht um eine wörtliche Übersetzung, sondern um eine Auslegung. Man könnte das auch „Interpretation" nennen. Gottes Geist offenbart dabei einer Person den Sinn oder Inhalt eines Sprachengebets. Diese Person gibt diesen Inhalt in ihren eigenen Worten wieder. Paulus ermuntert diejenigen, die im Gottesdienst in Sprachen beten, Gott auch um die Bedeutung des Gesagten zu bitten: „Wer also in Zungen redet, der bete, dass er's auch auslegen könne." (14,13). Häufig sind die Auslegungen Gebete des Lobpreises. In jedem Fall muss die Auslegung im Einklang mit der Bibel stehen und die biblischen Charakteristika von Prophetie erfüllen (14,3), sonst können wir davon ausgehen, dass die Auslegung nicht von Gott ist. Leider sehe ich selten in Gemeinden öffentliches Sprachengebet in Verbindung mit der Gabe der Auslegung. Vielleicht trägt dieses Buch dazu bei, dass sich mehr Christen nach dieser Gabe ausstrecken.

11. Wie lege ich los?

Im Laufe der Jahre habe ich für viele Menschen gebetet, die diese Gabe empfangen wollten. Einige ihrer Erfahrungen können dabei helfen, mit dem Sprachengebet loszulegen. Das Wichtigste ist, sich dabei auf seinen eigenen Anteil zu konzentrieren – und Gott seinen Anteil machen zu lassen. Wie bereits erwähnt, sind wir es, die reden und der Heilige Geist ist es, der in uns die Worte formt. Wir merken dabei nicht, *wie* der Heilige Geist die Worte formt. Viele Leute warten auf ein übernatürliches Geschehen: ein besonderes Gefühl, eine Vision oder eine Stimme, die ihnen Worte eingibt, die sie sprechen sollen. Das passiert in den meisten Fällen aber nicht. Jesus sagt, dass das Sprachengebet eine Gabe ist, die jene begleitet, die glauben (Markus 16,17). Das griechische Wort für „begleitet", *parakoloutheō,* kann man auch als „ständig begleiten" verstehen. Ich schließe daraus, dass das Sprachengebet nicht unbedingt etwas ist, worum wir lange bitten müssen. Vielmehr können wir davon ausgehen, dass uns diese Gabe schon begleitet – ob wir sie „abrufen" oder nicht. Es geht also darum loszulegen. Wenn wir uns allerdings darauf konzentrieren, vorher etwas besonders „Übernatürliches" empfinden zu müssen, können wir lange warten. Deshalb hat uns der tamilische Pastor damals auch ermutigt, einfach mal irgendetwas zu sagen, um uns den Einstieg zu erleichtern. Als meine Freunde dann anfingen, *Schacka mackucku* zu sagen, empfingen sie nicht dadurch die Gabe – als wäre dies eine Art Zauberformel. Sondern sie redeten weiter und der Heilige Geist formte weitere Worte. Dass sie weitergeredet hatten, war wie ein Türöffner. Ich hingegen hatte darauf gewartet, dass der Heilige Geist mein Sprechen übernimmt – was aber nicht geschah. Deshalb blieb es für mich zunächst beim *Schacka mackucku.* Wie bei allen anderen Gaben des Heiligen

Geistes – etwa Heilung, Prophetie, Lehre (1. Korinther 12,1-11; Römer 12,6-8; 1. Petrus 4,10) – muss ich einfach mal anfangen. Erst dann sehe ich, ob sich die Wirkungen entfalten, von denen wir in der Bibel lesen. Wenn ich ein prophetisches Wort an eine Person oder Gruppe weitergebe und danach jemand im Glauben ermutigt und erbaut ist, kann ich davon ausgehen, dass ich tatsächlich in der Gabe der Prophetie gedient habe. Ich ermutige daher diejenigen, die gerade anfangen in Sprachen zu beten, dies über einige Jahre täglich zu tun – und dann zu schauen, ob es ihren Glauben gestärkt hat. Bisher ist noch niemand zurückgekommen und hat gesagt, dass er nach einigen Jahren regelmäßigen Sprachengebets aufgehört hat, weil er festgestellt habe, dass es gar kein Sprachengebet war.

Wenn wir im Central Leuten helfen, ins Sprachengebet hineinzukommen, beginnen wir häufig damit, dass wir den Heiligen Geist bitten, diese Gabe freizusetzen. Dann machen wir Lobpreis. Wir singen ein einfaches Lied, das man gut wiederholen kann, ohne dabei ständig auf den Text schauen zu müssen. Das machen wir so, weil im Lobpreis oft eine Atmosphäre der Freiheit entsteht. Die Lautstärke ermöglicht es den Leuten außerdem, Worte zu sagen, ohne, dass andere sie dabei sofort hören. Im Neuen Testament lesen wir häufig, dass das Sprachengebet und Lobpreis verknüpft waren (Apostelgeschichte 2,11 und 10,46). Nach einigen Wiederholungen ermutige ich dazu, während die Band weiterspielt, Gott weiterhin zu loben, jedoch diesmal einfach mit den Worten, die den Mund verlassen. In diesem Moment kann niemand etwas falsch machen. Denn Lobpreis hat in erster Linie mit unserer Herzenshaltung zu tun und weniger mit den Worten, die wir sprechen. Ich ermutige die Gemeinde gern so: Auch wenn nur selbst ausgedachte Babylaute unseren Mund verlassen würden, würde Gott trotzdem alles perfekt als Lobpreis verstehen. Unser Vater sitzt nicht im Himmel und wartet auf eine Atempause, um dann runterzurufen: „Ich verstehe kein Wort! Könnt ihr bitte wieder Deutsch reden?"

- Erlebnisbericht: Martin -

Mit Anfang 20 habe ich das erste Mal realisiert, dass es das Sprachengebet gibt. Und das, obwohl ich damals schon über zehn Jahre Christ gewesen war und fast täglich Bibel gelesen hatte. Ich hatte das in der Bibel schlichtweg überlesen, genauso wie die Texte über die anderen Geistesgaben. Ich hatte bis dahin auch nicht eine einzige Predigt über Geistesgaben gehört.

Einzelne Charismatiker, die ich nach einem Wohnortwechsel kennengelernt hatte, hatten mir dann so euphorisch vom Sprachengebet erzählt, dass ich sie als verrückt abtat und davon nichts weiter wissen wollte. Als ich dann nach einigen Monaten meine Meinung geändert hatte und offen dafür war, passierte nichts. Auch nicht, nachdem ein Pfingstpastor für mich gebetet hatte. Insgesamt habe ich mich etwa drei Jahre lang nach dem Sprachengebet ausgestreckt, ohne es zu bekommen. Viele einstündige Zugfahrten zu einem Praktikum habe ich im Gebet und im Ringen mit Jesus verbracht, um dieses ominöse Sprachengebet endlich zu bekommen. Theoretisch wusste ich alles über das Sprachengebet. Das Problem war nur: Ich hatte es nicht. Als dann einer meiner charismatischen Freunde eines Abends voller Freude von seinen Erlebnissen mit dem Heiligen Geist erzählte, war es soweit. Ich sagte zu Jesus: „Es reicht, lass stecken, dann halt nicht!" Ich war richtig sauer. Einige Monate später kam ein anderer Freund, der sehr viel Erfahrung mit dem Wirken des Heiligen Geistes hatte, auf mich zu und fragte mich, welche Gabe ich von Gott haben wollte. Ich sagte: „Prophetie", doch er meinte: „Wollen wir nicht mit dem Sprachengebet anfangen?" Das tat weh. Nachdem er mir aber erklärt hatte, wie man das bekommen könne, und damit alles Mysteriöse ans Licht gebracht hatte, war ich bereit. Er erklärte mir, dass nicht einfach etwas über mich kommt, sondern ich auch mitmachen müsse. Ich müsse schon meinen Kehlkopf und meine Stimme zur Verfügung stellen. Auch sei es so, dass ich das Sprachengebet, wenn ich es hätte, immer kontrollieren könne. Ich bestimme, ob ich darin bete und wann ich aufhöre. Auch müssten insbesondere

Kopfmenschen, wie ich es bin, sich bewusst machen, dass das Sprachengebet jeglicher Rationalität widerspricht. Um es also zu bekommen, muss man auch bereit sein, sich zum Idioten zu machen. Das habe ich alles akzeptiert. Mein Freund betete dann selbst laut in Sprachen und forderte mich auf, mir meine eigenen Worte schenken zu lassen. Ich war ein schwieriger Fall. Erst nach mehreren Stunden mitten in der Nacht hatte ich ein paar wenige Wörter, von denen ich zweifelnd vermutete, es könnte das Sprachengebet sein. Am nächsten Tag traf ich mich mit meinem Freund, dem Pfingstpastor, um mir von ihm die Gabe bestätigen zu lassen. Er ließ mich meine paar Brocken laut sagen und sprach dann: „Das ist vom Herrn!" Das kam so überzeugend bei mir an, dass jeglicher Zweifel zerstört war und es aus mir gerade so heraus floss. Danach hatte ich einen deutlich größeren geistlichen Hunger und das Bedürfnis, in der Bibel zu forschen und sie mit neuen Augen zu lesen.

Heute ist das Sprachengebet mein täglicher Begleiter. Beim Autofahren, in langweiligen Meetings und allen möglichen Alltagssituationen. Bei schwierigen Gesprächen fange ich in der Regel automatisch an, leise in Sprachen zu beten. Ich habe den Eindruck, dass mir das hilft, um Weisung zu bekommen. Wenn ich unter Druck gerate und drohe hektisch zu werden, ist das Sprachengebet sehr hilfreich, um wieder ruhig und klar zu werden. Auch mache ich die Erfahrung, dass es gut ist, einige Minuten am Stück in Sprachen zu beten. Der Heilige Geist in mir nimmt zu und seine

Gegenwart wird spürbarer. Ich bin Gott sehr dankbar für dieses Geschenk.

Was hindert uns?

Neben einer verkomplizierten Theologie, mit der ich nun hoffentlich ein wenig aufgeräumt habe, ist der größte Hinderungsgrund wahrscheinlich unser Stolz: unsere Erwartung, dass alles immer sinnvoll und seriös sein soll, was wir tun und sagen. Besonders Menschen, die eine gute Ausdrucksweise haben und sich viele Gedanken um Formulierungen machen, tun sich häufig schwer, mit dem Sprachengebet loszulegen. Es fühlt sich für sie dumm oder kindisch an. In 1. Korinther 1,27 steht, dass Gott das Törichte gebraucht, um die Klugen und Weisen zu beschämen. Ich denke, wir Christen brauchen Mut, Dinge zu tun, die vermeintlich töricht sind in den Augen der Welt. Und es sind diejenigen, die Glauben haben wie die Kinder, die in das Reich Gottes hineinkommen werden (Matthäus 18,3).

Vor einigen Jahren war ich zusammen mit einem guten Freund zuständig für das Kinderprogramm auf einer Gemeindefreizeit. Wir waren für etwa zwanzig Kinder im Grundschulalter zuständig. Gemeinsam spielten wir, sangen Lieder und hörten biblische Geschichten. An manchen Tagen beteten wir am Ende des Programms für die Mädchen und Jungen, dass sie mit dem Heiligen Geist erfüllt würden. Dabei haben wir zwei Beobachtungen gemacht: Erstens, waren die Kinder sehr offen für den Heiligen Geist. Sie hatten keinerlei Probleme damit, sich auf das Wirken des Heiligen Geistes einzulassen. Zweitens, begannen einige Kinder völlig automatisch damit, ihre Lippen zu bewegen und in Sprachen zu beten. Dabei hatten wir nie im Programm über die Gabe des Sprachengebets gelehrt. Ich vermute, die meisten Kinder hatten bis dahin nie etwas über diese Gabe gehört – aber nun fingen sie einfach an.

In der Abschlussrunde nach dem Beten stellten mein Freund und ich uns absichtlich etwas ahnungslos. Wir wollten herausfinden, was die Kinder gerade erlebt hatten. Die Antwort der Kinder war herrlich: „Das war Beten, aber nicht Deutsch." Daraufhin erklärten wir den Kindern, dass das die Gabe des Sprachengebets war, die Jesus angekündigt hatte. Die Kinder waren völlig begeistert und redeten den Rest der Freizeit so viel in Sprachen, wie es nur ging: miteinander, beim Essen, mit ihren Eltern, im Programm – einfach überall. Sie kannten keine Barrieren, die sie daran hinderten, einfach loszulegen. Sie wussten, dass ihr Papa im Himmel sich schon um die Worte kümmern würde, die sie sprachen. Mich lehrte dieses Verhalten der Kinder viel über den Glauben: Werdet wie die Kinder.

Mein Tipp an dich

Fang einfach an. Wenn du in einer Gemeinde bist, in der dafür gebetet wird, das Sprachengebet zu empfangen: Nutze das und nimm die Gelegenheiten wahr, die dir dazu gegeben werden. Wenn du in einer Gemeinde bist, in der nicht darüber gelehrt und dafür gebetet wird: Bitte einfach allein den Herrn darum. Bete ihn an und leg los. Vielleicht hilft es dir, Lobpreismusik dabei anzumachen. Hör dir selbst nicht dabei zu, sondern verliere dich in der Anbetung Gottes. Ein Waldspaziergang kann dabei auch helfen. Wenn wir allein der Schönheit der Schöpfung ausgesetzt sind, fehlen uns schnell die Worte. Dann dürfen wir erleben, wie der Heilige Geist uns in unserer Schwachheit hilft – und Worte für uns formt. Und wenn du einmal begonnen hast, dann hör nicht auf. Lass das Sprachengebet zu einer täglichen Übung in deinem Leben werden.

- Erlebnisbericht: Cindy -

Sprachengebet, Zungenrede – ich dachte oft: Was soll das? Wieso und wozu sollte ich das brauchen?! Deshalb habe ich mich lange Zeit nicht mit dem Thema befasst, bis ich es dann doch an einem Lobpreisabend im Central unter Anleitung ausprobiert habe: Wir haben erst Lieder gesungen und Gott gefeiert und gelobt. Dann wurde weiter Musik gespielt, während wir ermutigt wurden, in einer Gebetshaltung zu bleiben. Jeder konnte einfach anfangen, Silben und Laute auszusprechen oder zu singen. Ich habe dann auch einfach angefangen, ohne darüber nachzudenken, was ich jetzt sagen muss. Anfangs hat es sich wie Baby-Gebrabbel angehört und angefühlt. Ich wusste aber, dass meine Worte für Gott sind. Er kennt mein Herz und sieht, dass ich mich nach ihm ausstrecke. Zwischendurch kamen die Worte einfacher und fließender aus mir heraus. Noch Tage danach habe ich mich gefragt: Ist es jetzt wirklich der Heilige Geist, der mich da im Sprachengebet führt oder ist es nicht doch einfach nur ausgedachtes Baby-Gebrabbel? Ich habe es trotzdem regelmäßig weiter ausprobiert. In Momenten, in denen ich das Ganze hinterfrage, mache ich mir klar, dass es bei meinem Sprachengebet um meine Herzenshaltung Gott gegenüber geht. Ich möchte ihn ehren und anbeten, mich nach ihm ausstrecken, möchte mehr von ihm. Das alles kann ich im Sprachengebet zum Ausdruck bringen. So ist mir das Sprachengebet in meinem Alltag zu einem wichtigen Schatz geworden. Ich bete in Sprachen:

... wenn es Situationen gibt, in denen ich Angst habe. Zum Beispiel, wenn ich in der Dunkelheit durch die Straßen laufe oder wenn ich Auto fahre. Gerade beim Autofahren kann ich mich meistens nicht darauf konzentrieren, irgendwelche Gebete zu formulieren, und bin froh über das Sprachengebet. Es hilft mir, dass ich ruhig und konzentriert werde und dass die Angst verschwindet.

... wenn es mir nicht gut geht oder wenn ich mich weit entfernt von Gott fühle. Das Sprachengebet schenkt mir oft tiefe Freude, stärkt meinen Glauben und ich werde mir gewiss, dass Gott da ist...

... wenn ich auf Gottes Führung angewiesen bin. Zum Beispiel in wichtigen Gesprächen.

... wenn Menschen meinen Rat suchen oder wenn ich für Leute bete.

12. Schluss

Ich hoffe, dieses Buch ermutigt dich, das Geschenk des Sprachengebets auszupacken. Gottes Segen.